Klappe, Ton und
Kamera läuft!
So wird Fernsehen gemacht

Band 14 der Reihe „Schauen und Staunen"

Velber Verlag

In Zusammenarbeit mit der ARD Tagesschau und dem Hessischen Rundfunk

Text, Fotos, Grafik: double-u gmbh, www.w-redaktion.de

Illustrationen: Barbara Stachuletz
Layout: Janka Schröder, Marie Hübner
Reihen-Layout: Anja Schmidt
Repro: Meyle+Müller, Pforzheim
Druck und Bindung: Zanardi, Italien
ISBN 978-3-86613-563-5

velber

Klappe, Ton und Kamera läuft!

SO WIRD FERNSEHEN GEMACHT

velber

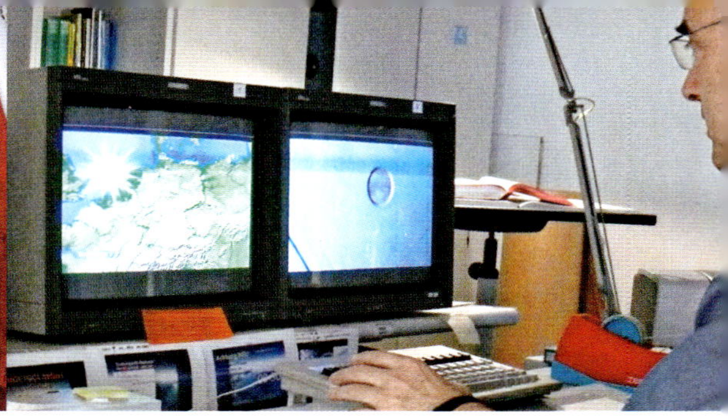

INHALT

Schaut mal!
Hier werden Nachrichten fürs Fernsehen gemacht. Überall flimmern Bildschirme. Darauf sehen die Leute der Nachrichtenredaktion Nachrichten aus aller Welt.

Wie werden Nachrichten gemacht?

Jeden Abend um 20.00 Uhr kommt im Fernsehen die Tagesschau. Sie bringt die wichtigsten Nachrichten des Tages. Und wer macht diese Nachrichten? Viele Leute sind den ganzen Tag über dafür im Einsatz. Schau ihnen zu.

1

Fotos: doubl-eu gmbh

Es ist Morgen. Die Redaktion der Tagesschau bereitet die Nachrichten für den Abend vor. Viele Redakteure arbeiten hier. Sie beginnen damit, Neuigkeiten zu sammeln und zu prüfen.

Der Chefredakteur trifft sich um 9.00 Uhr mit zwei anderen Chefs: mit dem Aufnahmeleiter und dem Chef vom Dienst.

Auswählen ...

Der Chef vom Dienst ist der Chef für die heutige Ausgabe der Tagesschau. Die meisten nennen ihn kurz CvD. Er und der Chefredakteur bereiten sich auf die erste große Redaktionssitzung um 11.30 Uhr vor. Schon jetzt haben sie viele neue Informationen gesammelt.

Diese kommen von überall her: von Nachrichtenagenturen aus der ganzen Welt. Sie melden, wo was passiert ist: ein Vulkanausbruch, Wahlen, neue Rekorde ... Welche Nachrichten sind wichtig? Was interessiert die Fernsehzuschauer? Der Chefredakteur und der CvD wählen diese Nachrichten aus.

… und planen

3

Auch die Planungsredaktion liefert Informationen.
Sie plant schon früher und weiß zum Beispiel: „Nächste Woche am Sonntag sind Wahlen in Amerika …“.
Klar, darüber muss die Tagesschau berichten.
Also wird das Thema bereits für den nächsten Sonntag eingeplant.

Und was hat die Planungsredaktion für heute eingeplant?
Der Chef vom Dienst guckt nach.
Jetzt macht er seinen ersten Plan für die Sendung um 20.00 Uhr.
Und wenn im Laufe des Tages noch etwas Wichtiges passiert? Das ist sicher der Fall. Darum muss der CvD den Plan bestimmt noch ändern.

4

Alle da? Dann los!

5

11.30 Uhr: Redaktionssitzung.
Alle Redakteurinnen und Redakteure sind da.
Ab jetzt gibt es bis zur Tagesschau jede Stunde eine Besprechung.
Der Chef vom Dienst verteilt Themen.

6

Jeder Redakteur ist für einen Bereich zuständig, in dem er sich besonders gut auskennt. Der Sportredakteur macht Sportmeldungen. Der Politikredakteur schreibt über Wahlen. Dirk übernimmt das Thema Streik.

Er beginnt gleich und ruft einen Korrespondenten an. Das ist ein Reporter, der vom Ort des Geschehens berichtet.
Die beiden werden zusammen einen Beitrag für die Nachrichten vorbereiten.
Sie besprechen, wie der aussehen könnte. Dann zieht der Korrespondent mit einem Kamerateam los.
Und was macht Dirk? Weitere Infos sammeln. Zum Beispiel bei Nachrichtenagenturen.

Und weiter!

7

12.30 Uhr – die nächste Besprechung! Alle Redakteure berichten, wie der Stand der Dinge ist. Der Chef vom Dienst hat mittlerweile einen Zeitplan gemacht. Dort steht drin, wie viele Sekunden jeder Beitrag haben soll. Die Redakteure gehen an ihre Schreibtische zurück.

Dirk überlegt: „Was bringe ich in dem 90 Sekunden langen Beitrag unter?" Er telefoniert mit dem Korrespondenten, damit sie ihre Informationen austauschen können. Dirk ist gespannt: Was erzählt sein Kollege? Hat er Wichtiges herausgefunden? Gibt es schon Aufnahmen? Hoffentlich, denn die Zeit drängt.

8

Denken, schreiben ...

9

Dirk schaut sich den Bericht an, den ihm der Korrespondent geschickt hat. Sieht gut aus.
Was könnte der Korrespondent noch recherchieren, also herausfinden? Sollte er ein Interview machen?
Aber aufpassen! Der Bericht darf nicht zu lange werden. 90 Sekunden. Daran muss Dirk sich halten.

10

Dirk hat drei Bildschirme: Links sieht er den Bericht des Korrespondenten. In der Mitte bekommt er neue Infos. Rechts schreibt er eine Einleitung zum Filmbericht. Die soll der Nachrichtensprecher vorlesen. Neben dem Text notiert Dirk, in wie vielen Sekunden dieser den Text sprechen soll. Zum Überprüfen liest Dirk den Text laut und schaut auf die Uhr.

11

Und weil die Tagesschau aus vielen Beiträgen besteht, schreiben auch die anderen Redakteure Einleitungen für den Nachrichtensprecher und telefonieren mit ihren Korrespondenten.

... und beeilen!

12

13.30 Uhr – wieder eine Besprechung. Vor der Tagesschau um 20.00 Uhr gibt es zwei kurze Nachrichten-Sendungen: eine um 15.00 Uhr, eine um 17.00 Uhr.

Dirks Beitrag soll schon in der Sendung um 15.00 Uhr laufen. Das heißt: Dirk muss sich sehr beeilen. Darum nimmt er diesmal nicht an der Besprechung teil.

13

Schnitt – und schnell!

Der Korrespondent hat die Fernsehbilder des Kamerateams per Satellit ins Studio gesendet. Ein Techniker prüft: Sind die Bilder gut? Stimmt der Ton?

Dann ist der Cutter dran. So heißt der Mann am Schnittplatz. Das kommt vom englischen Wort „cut“ – schneiden. Der Cutter kann den Beitrag noch verändern, zum Beispiel kürzen. Aber er muss sich beeilen. Es bleibt nicht viel Zeit. Er schneidet alles so, wie es Dirk, der Redakteur, geplant hat. Fertig! Sofort ruft der Cutter Dirk an, damit der sich den Beitrag ansehen kann.

Geschnitten
Früher wurde am Schnittplatz tatsächlich geschnitten – und zwar Filmbänder und Tonbänder. Heute wird hier nur noch am Computer „geschnitten“.

Und Beitrag ab!

Dirk eilt in den Schneideraum.
Hoffentlich ist der Beitrag so geworden, wie er es geplant hat. Oder müssen sie noch etwas ändern?
Nein, so hat Dirk es sich vorgestellt.
Und auch die Länge stimmt.
Auf die Sekunde.

Schnell schaut sich der Chef vom Dienst den Beitrag noch an und gibt ihn frei. Jetzt kann der Bericht in den Fernsehnachrichten kommen.
Von Dirk erfährt dabei keiner was ...

16

17

Achtung, Kamera!

Leuchtet an der Kamera ein rotes Licht, dann läuft die Aufnahme.

Unsichtbar

Auf dem Bildschirm siehst du keine Kabelträger. Meist stehen sie hinter dem Kameramann. Sie halten rote Kabel in großen Schlaufen in den Händen.

Warum sind Kabelträger unsichtbar?

Kabelträger? Nie gesehen?
Das liegt daran, dass sie hinter der Kamera arbeiten.
Sie helfen dem Kameramann.
Und wenn sie nicht aufpassen, kann es gefährlich und richtig teuer werden!

Viele Fernsehkameras stehen auf Rollen, damit die Kameramänner sie schnell hin und her schieben können.
Tragen kann sie kaum jemand: Fernsehkameras sind viel zu schwer.
Sie wiegen oft über eine Tonne.
So viel wie ein großes Walross.

Und was machen die Fernsehkameras?
Klar, sie nehmen Bilder auf.
Aber sie können auch Töne aufnehmen!
Für beides ist das dicke rote Kabel wichtig, das in der Kamera steckt.

Fotos: double-u gmbh

Vorsicht, Kabel!

2

Nur keinen Kabelsalat!
Wenn Kabel sich verheddern und verknoten, gibt's „Kabelsalat". Das darf nicht passieren! Sonst ist das Bild oder der Ton weg.

Die Kamera hat einen Griff, der wie ein Lenkrad aussieht. Damit kann der Kameramann die Kamera drehen, hin und her rollen, hoch- und runterfahren.

3

Und was ist mit dem langen, dicken roten Kabel? Dadurch schickt die Kamera die Bilder und die Töne, die sie aufnimmt. Wohin? In den Regieraum. Das Kabel führt direkt von der Kamera zum Mischpult im Regieraum. Vorsicht, dass es sich nicht verheddert oder verknotet! Denn das könnte die Übertragung unterbrechen.
Sabine, die Kabelträgerin, und ihr Kameramann prüfen, ob das Kabel gut liegt.

4

5

„Von wo soll ich filmen? Von oben? Von unten?“ Vor der Sendung probiert der Kameramann verschiedene Einstellungen aus und prüft noch mal die Kamera. Gleich geht´s los.
Dann muss Sabine aufpassen, dass die Kamera nicht über das Kabel „stolpert“ und umfällt.

Der Kameramann hat während der Aufnahme keine Zeit, auf das Kabel zu achten.

Heute sind drei Kameras im Einsatz – also gibt es auch drei Kabelträger.

Achtung, Aufnahme!

6

Die Sendung beginnt. Sabine muss ab sofort immer gut auf die Kamera und den Kameramann achten.

7

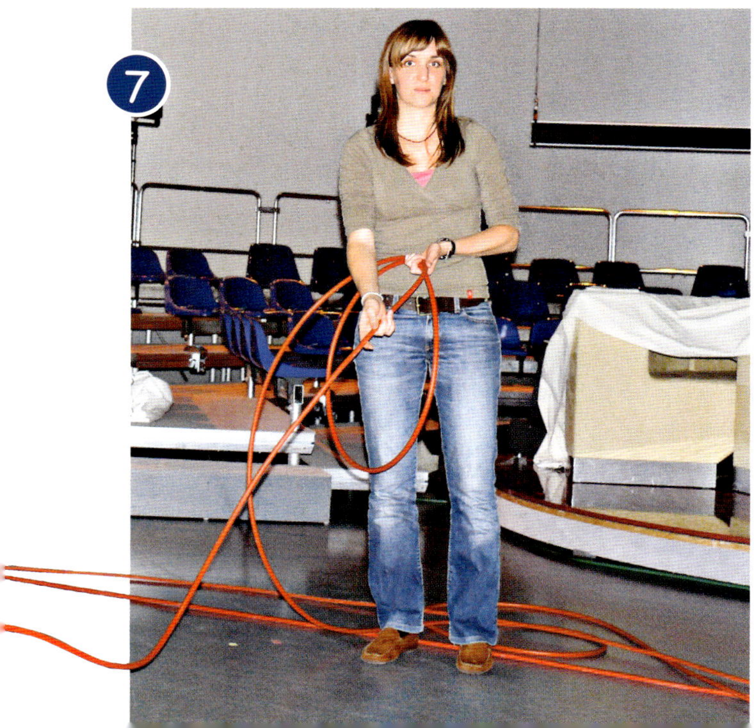

Der Kameramann fährt zur Seite – Sabine zieht schnell das Kabel weg. Und das Kabel ist lang: Bis zu 30 Meter kann es lang sein.

Auf Sendung …

Sabine achtet auch darauf, dass ihr Kabel immer genügend „Spiel“ hat. Sonst bremst sie den Kameramann aus – wie einen Hund an einer zu kurzen Leine. Gleichzeitig guckt sie mit einem Auge zur Sendung, um zu sehen, wohin der Kameramann als Nächstes fährt.
Sie ist voll bei der Sache.
Denn wenn ein Kabelträger einen Fehler macht, ist der Ärger groß.

Ob es das schon gab? Aber klar!
Da hat zum Beispiel ein Kabelträger mal das Kabel nicht aus dem Weg gezogen, als der Kameramann die Kamera zur Seite schieben wollte. Die Kamera fiel um – war kaputt und musste repariert werden. Das hat 300 000 Euro gekostet! Etwa so viel wie ein Luxus-Sportwagen.
Damit Sabine so etwas nicht passiert, passt sie auf. Ganz konzentriert!

Hinter den Kulissen

Die Betreuer warten hinter den Kulissen mit den Tieren auf ihren Auftritt. Es ist nicht leicht, Tiere ruhig zu halten. Sie sind ähnlich nervös wie die Menschen.

So kommen die Tiere in den Fernseher

Achtung! Gleich kommen Tiere ins Fernsehstudio. Sie suchen ein neues Zuhause. Das wird spannend. Vor allem, weil dies eine Live-Sendung ist. Schau, wie es hier zugeht.

Fotos: double-u gmbh

„Herrchen gesucht!" In dieser Fernsehsendung stellen Tierheime Tiere vor, die ein neues Zuhause suchen. Es ist eine Live-Sendung. Das bedeutet „lebendige" Sendung. So wie sie aufgenommen wird, wird sie auch gesendet. Passieren Pannen, bekommt die jeder mit.

Manche Live-Sendungen werden sofort ausgestrahlt – im gleichen Moment, in dem sie aufgenommen werden. „Herrchen gesucht!" wird live aufgenommen – aber erst später gesendet. Das nennen die Profis „live on tape": live auf Band.

Vor der Sendung ...

1

Bei der Sendung machen viele Leute mit. Sie müssen vorher alles gut besprechen. Der Regisseur verteilt den Drehplan und erklärt, wer welche Aufgabe hat. Er ist der Leiter der Sendung.

2

Die Tiere spielen die Hauptrolle. Die Regieassistentin bespricht mit den Begleitern, wann sie drankommen, was sie sagen und wo sie auf den Auftritt warten sollen.

3

In der Zwischenzeit wird die Moderatorin frisiert und geschminkt. Im Fernsehen werden alle geschminkt. Denn ohne Schminke sehen die Leute ganz blass aus. Der Schminkraum heißt „Maske".

4

Auch die Begleiter der Tiere werden geschminkt – allerdings nicht in der Maske, sondern direkt auf dem Sofa im Studio.

Noch fünf Minuten!

Die Aufnahmeleiterin bespricht den Ablaufplan mit der Moderatorin und gibt ihr wichtige Hinweise. Sie soll sich zum Beispiel in der Sendung auch mal hinter die Hunde knien, weil die Kamera dann besonders schöne Bilder aufnehmen kann.
Die Moderatorin geht die Sendung im Kopf durch. Ähnlich wie vor einer Klassenarbeit. Sie hat zwar das Drehbuch mit allen Infos, da kann sie spicken. Aber dafür bleibt nicht immer Zeit. Oft muss sie ganz schnell reagieren. Moderatorin und Aufnahmeleiterin sind ein bisschen nervös. Doch die Aufregung verschwindet bestimmt, sobald die Sendung beginnt.

5

Auch die Begleiter sind aufgeregt. Und die Tiere? Ob sie spüren, dass ihnen gleich ein großer Auftritt bevorsteht?

6

7

Und Action?

Im Studio warten zwei Kameraleute, zwei Kabelträger, der Tonmann, die Aufnahmeleiterin und die Helfer, die später die Tiere hereinführen.
Worauf sie warten?
Dass der Regisseur sagt: „Und Action!"
Denn dann geht's los.

8

Nebenan im Regieraum sitzen die Leute, die den Ton mischen, der Bildmischer, ein paar Techniker – und der Regisseur.

9

Es geht los!

Die Sendung beginnt. Nun achtet die Aufnahmeleiterin darauf, dass alles nach Plan verläuft und jeder rechtzeitig auftritt. Sie hat das Drehbuch immer dabei und hält ständig mit dem Regisseur über Funk Kontakt.

10

Die Moderatorin spricht mit dem ersten Gast. Dann gibt die Aufnahmeleiterin einem Helfer ein Zeichen: Er soll den nächsten Hund reinbringen.

Nach Plan
Die Aufnahmeleiterin guckt dauernd auf die Uhr. Sie muss dafür sorgen, dass alles im Zeitplan bleibt. Das kann besonders bei einer Sendung mit Tieren schwierig werden.

11

Im Regieraum sehen der Regisseur, der Bild- und der Tonmischer immer alle Bilder von allen Kameras. Der Regisseur entscheidet, welche Bilder gesendet werden. Er gibt dem Bildmischer Bescheid: „Kamera 1 – jetzt Kamera 2!“ Dann sagt er zur Aufnahmeleiterin: „Nun das nächste Tier.“
Der Regisseur ist hier der Chef.

Jetzt noch mischen

Im Nebenraum sitzt der Bildtechniker. Er macht die Kamerabilder, die der Regisseur auswählt, ein bisschen heller, ein bisschen dunkler oder ein bisschen mehr blau. Warum? Jede Kamera hat ihre besondere Einstellung.

Und wenn der Bildmischer auf eine andere Kamera umschaltet, sehen die Bilder ein bisschen heller oder dunkler aus. Die Zuschauer sollen das nicht merken. Darum gleicht der Bildtechniker die Bilder schnell an ....

12

Auch die Tonmischerin sitzt allein in einem Studio. Sie sorgt dafür, dass alle vor der Kamera im Fernsehen gleich gut zu hören sind.

13

Fertig! Die Tiere können wieder zurück ins Tierheim gebracht werden. Ob sich wohl jemand meldet, wenn die Sendung ausgestrahlt wird, und den Tieren dann ein neues Zuhause gibt?

Die Sendung wurde auf ein Band aufgenommen. Doch als der Regisseur das Band aus dem Rekorder nehmen will, bekommt er einen Schreck. Da hat jemand vergessen, das Band einzulegen!

Gut, dass so was nur selten vorkommt! Aber diesmal war die Arbeit umsonst. Also von vorne: Die Tiere werden geholt.

Die Kameraleute gehen auf ihre Plätze. Volle Konzentration. Alle warten auf das Zeichen des Regisseurs: „Und Action!"

Ton ab!
Sender, Batterien, Kabel, Mikrofone, Mischpulte: Für den richtigen Ton braucht man viele Geräte. Und Tontechniker, die sich gut damit auskennen.
BDL AUTOSCRIPT WinPlus
SONY

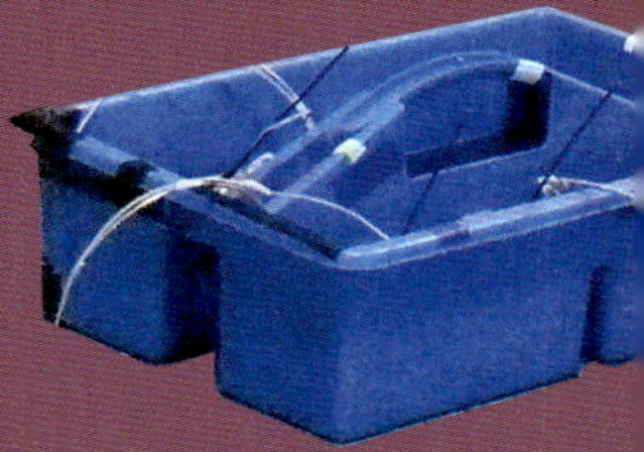

So entsteht der gute Ton

Ohne Tonleute läuft beim Fernsehen nichts. Ohne Tonleute würden die Zuschauer niemanden verstehen. Und Moderatoren und Kameraleute könnten die Anweisungen von Regisseur und Aufnahmeleitung nicht hören.

Marcel Baumann ist Tontechniker. Er sorgt dafür, dass jeder, den man hören soll, auch gehört wird: die Leute im Studio und die hinter den Kulissen. Also zieht Marcel Baumann los: Auf einer Liste stehen alle, die er verkabeln muss. In einem Plastikkörbchen liegen Sender mit einem Kabel dran. Und Mikrofone braucht er auch.

1

Den Sender macht Marcel an der Hose fest – und zwar hinten, damit man ihn nicht sieht. Der Sender sendet dann später Töne vom Mikrofon zu Marcels Mischpult.

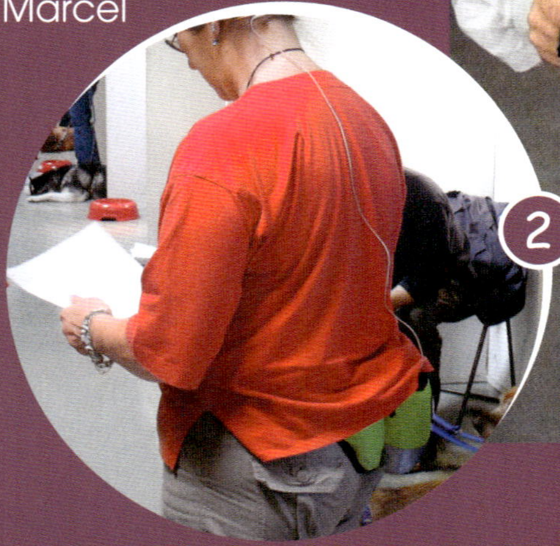

2

Fotos: double-u gmbh

Gut verstecken!

Hände frei
Werden Mikrofone am Kopf oder an der Kleidung befestigt, hat man die Hände frei.

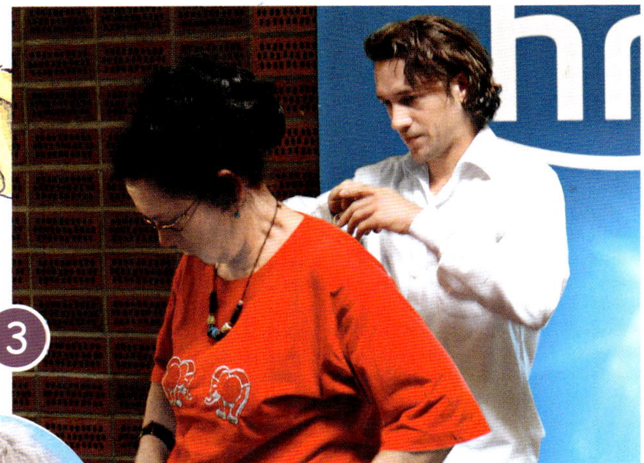

3

Vom Sender aus zieht Marcel das Kabel hoch zum Kopf. Er versteckt das Kabel hinter dem Ohr. Das Mikrofon befestigt er oben am Pulli oder Hemd. Möglichst nah am Mund.

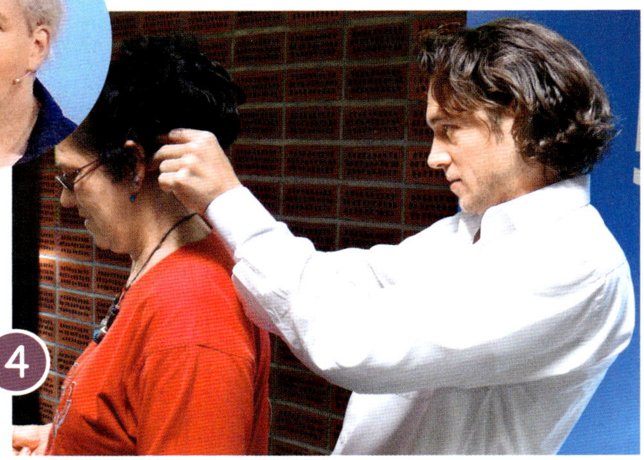

4

Oder er klebt den Studiogästen ein Mini-Mikrofon auf die Wange. „Diese Mikros verwende ich gern“, erklärt Marcel, „weil sie unauffällig sind und nicht so viele Nebengeräusche aufnehmen.“
Aber Vorsicht: Man darf sich jetzt nicht durch die Haare fahren – denn da ist das Kabel versteckt ...

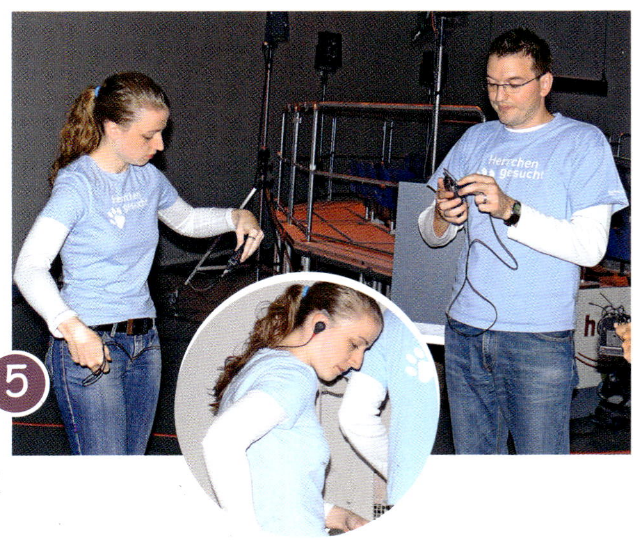

5

Manche Fernsehleute befestigen ihre Mikros selbst.
Ab sofort müssen sie aufpassen, was sie sagen. Weil alles vom Mikrofon aufgenommen wird. Die Töne kommen in einem Mischpult an. Von dort können sie weitergesendet werden: in die Kopfhörer ihrer Kollegen – oder zum Mischpult im Regieraum.

Die Mischung macht's

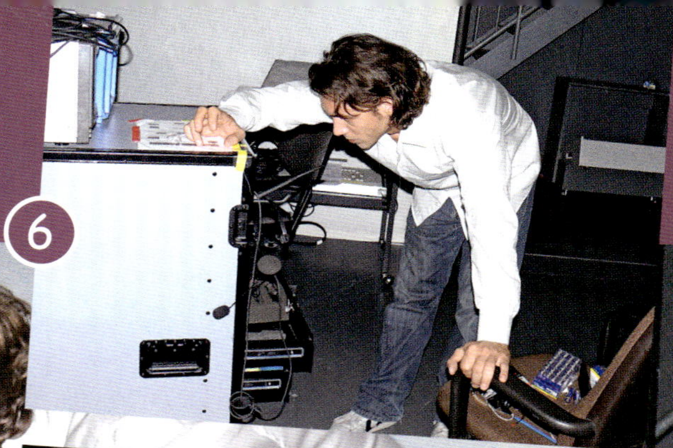

Der Sender an der Hose sendet Töne und Geräusche zu Marcels Mischpult. Die Fachleute nennen das, was zu hören ist, Audiosignal.
Marcel weist jedem Mikrofon einen Kanal zu. Das bedeutet: Der Tonmischer kann nun für jedes Mikrofon Lautstärke, Höhen und Tiefen einzeln regeln.

Ein letzter Check: Funktioniert alles? Marcel hat die Sender mit frischen Batterien ausgestattet. Damit nicht mitten in der Sendung einer ausfällt, nur weil die Batterie leer ist.
Trotzdem bereitet Marcel noch Handmikrofone vor. Falls es doch ein Problem gibt, kann er schnell ein Handmikrofon ins Studio reichen.
Sicher ist sicher!

Schilder oder Prompter?
Während der Sendung bekommt der Moderator immer wieder Infos: manchmal durch Minikopfhörer ins Ohr, manchmal über Schilder, die jemand hochhält, oder durch einen Prompter.
TS
Mon ASSI 1
Simone von Stosch
STUDIO
16:11:33
UHR
Wochenlang hatte er sich geziert. Jetzt hat Thomas Schaaf seinen Vertrag bei Werder Bremen doch bis 2010
PROMPTER
Mon ASSI 2
Mon ASSI 3

Woher wissen die Sprecher, was sie sagen sollen?

**Hat du schon mal ein Gedicht auswendig gelernt?
Das kann dauern.
Und wie machen das die Moderatoren im Fernsehen?
Müssen die alles, was sie sagen, auswendig lernen?
Für jede Sendung neu?
Nein, sie haben einen Trick!**

Moderatoren haben einen Teleprompter. Manche sagen dazu auch nur Prompter. Die Geräte stehen oft direkt neben der Kamera. Oder sie sind unter dem Kamera-Objektiv angebracht. Sie zeigen dem Moderator, was er sagen soll.

In den unteren Teil des Prompters wird ein Blatt mit dem Text gelegt – wie bei einem Overheadprojektor. Aber Prompter können auch an Computer angeschlossen werden.

Fotos: double-u gmbh

Die Souffleuse
Prompter ist ein englisches Wort und bedeutet Souffleuse. So heißen im Theater die Frauen, die den Schauspielern den Text zuflüstern, wenn die ihn vergessen.

Der richtige Text zur richtigen Zeit

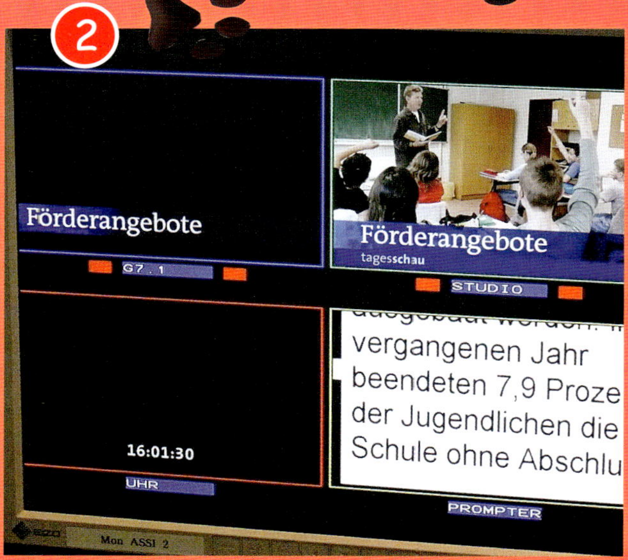

Jörg Schierle ist für den Teleprompter zuständig. Er bekommt von den Redakteuren Texte und sorgt dafür, dass der Moderator sie später vom Teleprompter ablesen kann.
Vorher bearbeitet er die Texte am Computer und teilt sie in Häppchen ein. Er überprüft auch, ob die Länge des Textes passt.
Dazu liest er alles laut vor und stoppt die Zeit.

Und wie sieht das zum Schluss auf dem Bildschirm von Jörg Schierle aus?
Oben links steht ein kurzer Text. Das ist der Untertitel für ein Bild. Dort wird er eingeblendet.
Oben rechts erscheint das Bild mit dem Untertitel, wie es die Fernsehzuschauer sehen.
Unten links steht die Zeit – sie ist ganz wichtig, denn beim Fernsehen muss alles sekundengenau ablaufen. Da sagt kein Sprecher: „Es ist sc ungefähr acht Uhr oder später – hier ist das Erste Deutsche Fernsehen mit der Tagesschau."
Und unten rechts? Da ist der Text, den die Moderatorin oder der Moderator spricht!

3

Auf seinem Bildschirm sieht Jörg also: die Zeit, den Text und das Bild für die Zuschauer und den Moderatorentext. Er hat von seinem Arbeitsplatz aus aber noch mehr im Blick: Wenn er den Kopf ein wenig hebt, sieht er hinter der Scheibe die Moderatorin und alles, was im Studio passiert.
Voll konzentriert sitzt er da und sorgt dafür, dass die Moderatorin zur richtigen Zeit den richtigen Text auf dem Teleprompter liest.

Manchmal kannst du erkennen, wo der Teleprompter steht. Wo schaut der Sprecher oder die Sprecherin hin? Immer ein kleines bisschen an der Kamera vorbei? Das zeigt dann: Der Prompter steht direkt neben der Kamera!

Immer aktuell

Oft treffen während der Sendung wichtige neue Nachrichten ein. Sollen sie gebracht werden? Muss Jörg noch schnell einen Text eingeben und auf den Prompter stellen? Das entscheidet der Chefredakteur oder der Chef vom Dienst.

Augen auf
Wenn du genau auf die Augen der Sprecher guckst, siehst du, wie sich ihre Pupillen bewegen. Erkennst du, ob sie gerade einen Text vom Prompter ablesen?

Auf Sendung

Im Regieraum ist höchste Konzentration angesagt. Die Texte für die Moderatorin laufen auf dem Prompter, sie liest ab. Jörg hält sich bereit, um neue Texte einzugeben. Und er überwacht, ob alle Texte auf dem Prompter erscheinen. Und wenn der Prompter während einer Sendung ausfällt oder einen falschen Text anzeigt? Den Text gibt es noch mal auf Papier. So kann die Sprecherin die Nachrichten vom Blatt ablesen.
Auch bei Pannen findet sich eine Lösung!

5

Ganz schön alt

Die älteste schriftliche Wettervorhersage wurde in Asien gefunden. Sie stammt aus dem 4. Jahrtausend vor Christus! Ob die gestimmt hat?

Wie macht das Fernsehen unser Wetter?

Das Fernsehen kann das Wetter nicht machen – auch Stefan Kempf nicht. Aber er macht die Wetterkarte. Und woher weiß er, wie das Wetter wird? Vom Deutschen Wetterdienst. Dort arbeiten Meteorologen – das sind Wetterfachleute.

An vielen Stellen auf dem Globus haben die Wetterleute Mess-Stationen aufgebaut.
Und was messen die? Windstärke, Temperatur, Sonnenscheindauer, Luftdruck, Luftfeuchtigkeit, Regenmenge und manches mehr.
Mit diesen Messergebnissen und sehr viel Wissen über das Wetter erstellen die Meteorologen einen Wetterbericht.

1

Den Wetterbericht erhält Stefan Kempf per E-Mail: Frankfurt, sonnig, 20 Grad. Hamburg, wolkig, 18 Grad. Und so weiter. Wie macht er daraus die Wetterkarte?

Fotos: double-u gmbh

Das Wetter: Wie gemalt?
Bis 1976 wurden die Wetterkarten gemalt. Heute gibt es im Computer Einzelteile, aus denen sich die Karten zusammenbauen lassen.

Einmal Sonne, bitte!

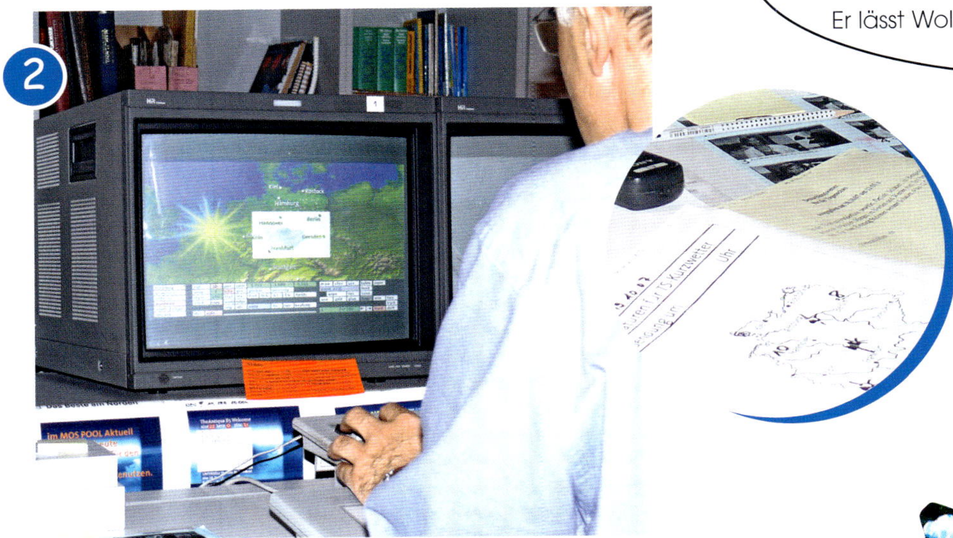

Wetter in Bewegung
Die Bilder, die den Fernsehzuschauern das Wetter zeigen, sind oft beweglich: Auch dafür sorgt der Wetterkartenmacher. Er lässt Wolken ziehen und Regentropfen fallen.

Im Computer hat Stefan Kempf eine Karte. Auf der kann er Wolken hin und her schieben. Dort kann er Regen machen. Oder die Sonne scheinen lassen. Stefan Kempf schaut auf den Ausdruck der E-Mail. Er darf ja kein Wetter erfinden.

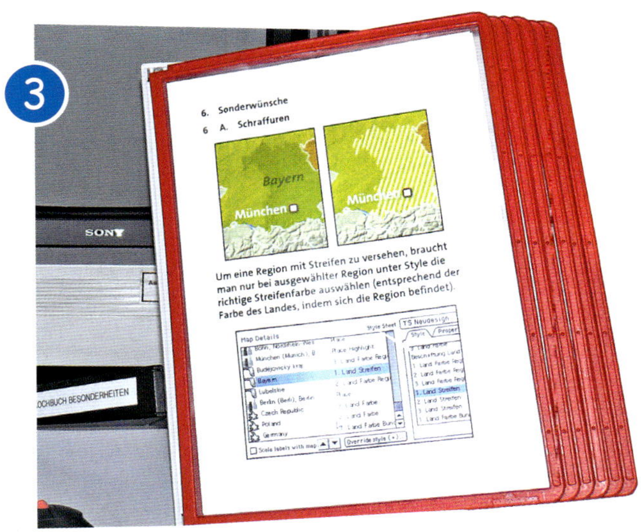

Kleine Bilder sollen den Fernseh-zuschauern auf einen Blick zeigen, wie das Wetter wird.
Wettersymbole nennt man diese Bilder.
Für jedes Wetter gibt es ein Symbol.
Manche kommen oft vor – andere selten: Schneeregen zum Beispiel.

Wetter, marsch!

4

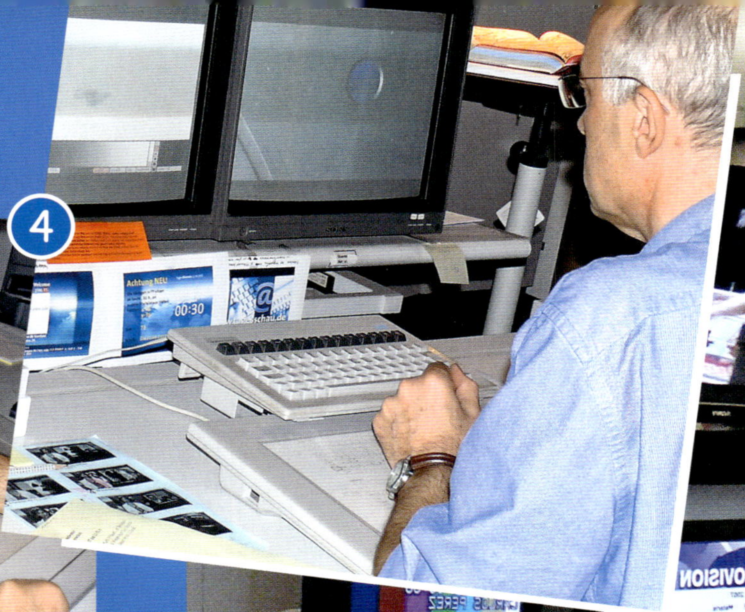

Manchmal muss Stefan Kempf nur die Bilder vom Tag davor verschieben. Manchmal braucht er andere.
Er sucht sie raus, klickt sie an und zieht sie auf die Wetterkarte.
Manchmal malt er sie auch. Auf dem Touch-Pad. Das ist wie ein Blatt Papier. Wenn Stefan Kempf auf das Touch-Pad malt, kann er das Bild auf dem Bildschirm des Computers sehen.
„Das mag ich", erklärt er. „Denn früher habe ich die Wetterkarte von Hand gemalt. Das erinnert mich daran."

Fertig! Stefan Kempf speichert die neue Wetterkarte ab und informiert die Redakteurin, die verantwortlich ist.
Sie ruft die Wetterkarte auf und prüft auch noch mal, ob alles stimmt. Okay!
Die Redakteurin gibt die Wetterkarte frei – für den Wetterbericht im Fernsehen!

5

In der Reihe „Schauen und Staunen“ sind bereits folgende Titel erschienen:

So wird die Rübe zu Zucker
Wie Lebensmittel entstehen
Band 1

ISBN 978-3-86613-504-8

So baut der Biber die Burg
Tiere und ihre Häuser
Band 2

ISBN 978-3-86613-501-7

So kommt die Welt auf den Globus
Wie alltägliche Dinge entstehen
Band 3
ISBN 978-3-86613-502-4

So forscht der Astronaut
Berufe: Wer macht was?
Band 4

ISBN 978-3-86613-503-1

So werden Küken, Kitz und Äffchen groß
Wie Tierkinder erwachsen werden
Band 5
ISBN 978-3-86613-513-0

So kommt das Wasser in die Leitung
Wie der Alltag funktioniert
Band 6
ISBN 978-3-86613-514-7

So kommt die Kastanie auf den Baum
Pflanzen und Tiere im Jahreslauf – Band 7
ISBN 978-3-86613-519-2

So kommt die Tomate in die Flasche
Wie Lebensmittel entstehen
Band 8
ISBN 978-3-86613-520-8

So wächst das Klopapier
Wie Dinge aus Papier entstehen
Band 9
ISBN 978-3-86613-538-3